Impressum
Verlag: BABADADA GmbH, Nedderfeld 112 , 22529 Hamburg
Geschäftsführer / Verlagsleitung: Harald Hof
Druck: Books on Demand GmbH, In de Tarpen 42, 22848 Norderstedt

Imprint
Publisher: BABADADA GmbH, Nedderfeld 112 , 22529 Hamburg, Germany
Managing Director / Publishing direction: Harald Hof
Print: Books on Demand GmbH, In de Tarpen 42, 22848 Norderstedt

학교

école

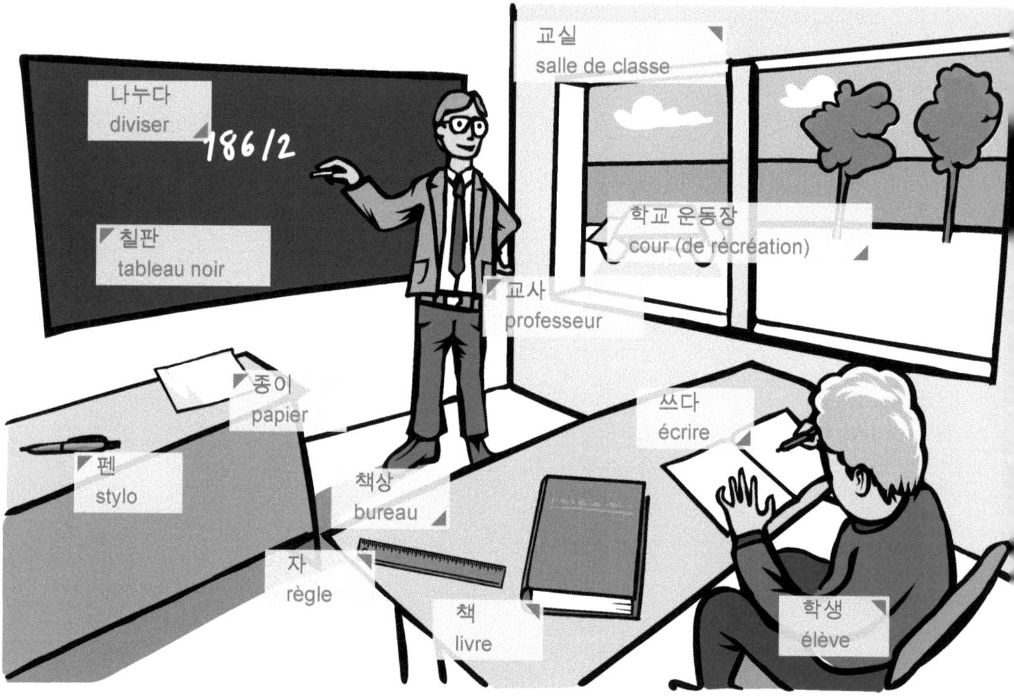
교실
salle de classe
나누다
diviser
186/2
칠판
tableau noir
교사
professeur
학교 운동장
cour (de récréation)
종이
papier
쓰다
écrire
펜
stylo
책상
bureau
자
règle
책
livre
학생
élève

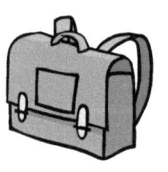

책가방

cartable

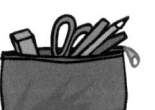

필통

trousse

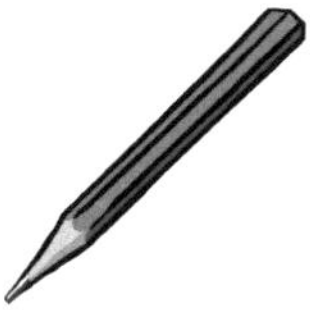

연필

crayon

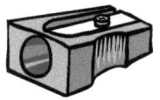

연필깎이

taille-crayon

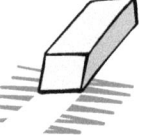

지우개

gomme

스케치북

carnet à dessin

그림

dessin

붓

pinceau

그림물감 통

boîte de peinture

가위

ciseaux

풀

colle

연습장

cahier d'exercices

숙제

devoirs

12

숫자

chiffre

2+2

더하다

additionner

5-2

빼다

soustraire

2×2

곱하다

multiplier

계산하다

calculer

A

글자

lettre

ABCDEFG HIJKLMN OPQRSTU VWXYZ

알파벳

alphabet

hello

낱말

mot

텍스트

texte

읽다

lire

분필

craie

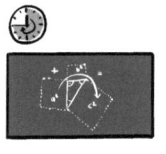

수업시간

leçon

출석부

livre de classe

시험

examen

증명서

certificat

교복

uniforme scolaire

교육

formation

백과사전

lexique

대학교

université

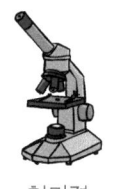

현미경

microscope

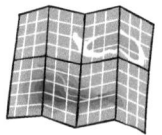

지도

carte

휴지통

corbeille à papier

학교 - école

여행
voyage

호텔
hôtel
Grand
호스텔
auberge
ROOMS
CHANGE
환전소
bureau de change
여행가방
valise
자동차
voiture

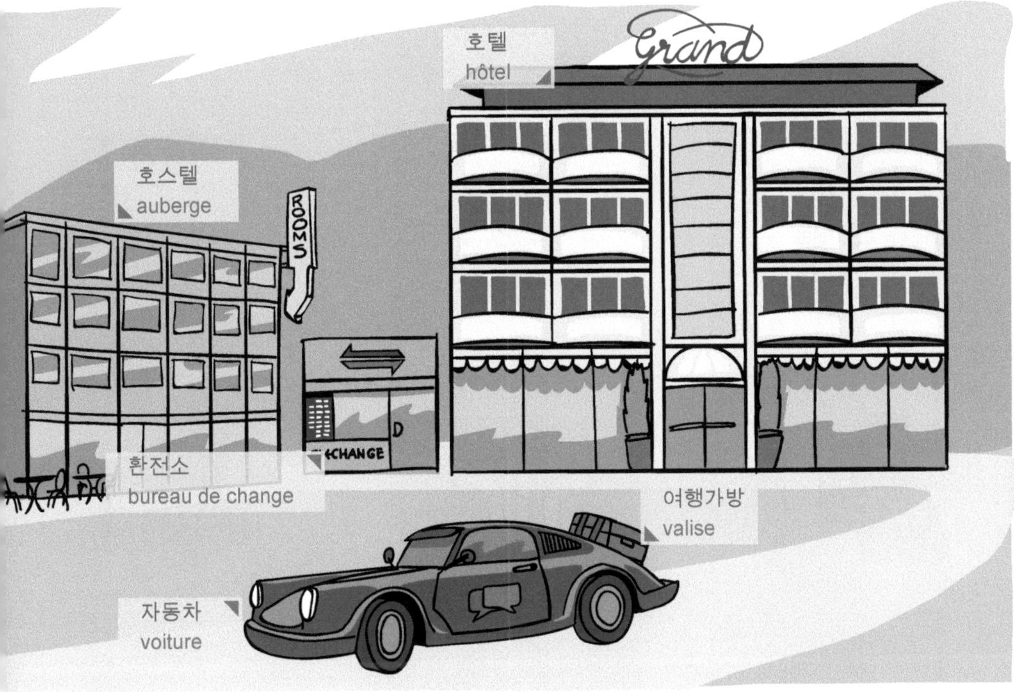

언어

langue

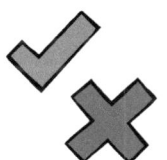

예 / 아니오

oui / non

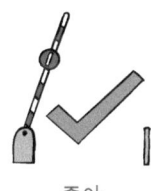

좋아

d'accord

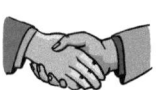

안녕

Salut

번역가

interprète

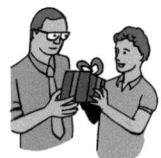

고마워, 고마워요

merci

... 얼마입니까?

Combien coûte...?

나는 이해하지 못합니다

Je ne comprends pas

문제

problème

안녕하세요!

Bonsoir !

안녕하세요!

Bonjour !

잘자요!

Bonne nuit !

또 만나요

Au revoir

방향

direction

수하물

bagages

가방

sac

배낭

sac-à-dos

손님

hôte

방

pièce

침낭

sac de couchage

텐트

tente

여행 안내

office de tourisme

해변

plage

신용카드

carte de crédit

아침식사

petit-déjeuner

점심식사

déjeuner

저녁식사

dîner

승차권

billet

승강기

ascenseur

우표

timbre

경계

frontière

세관

douane

대사관

ambassade

비자

visa

여권

passeport

운반

transport

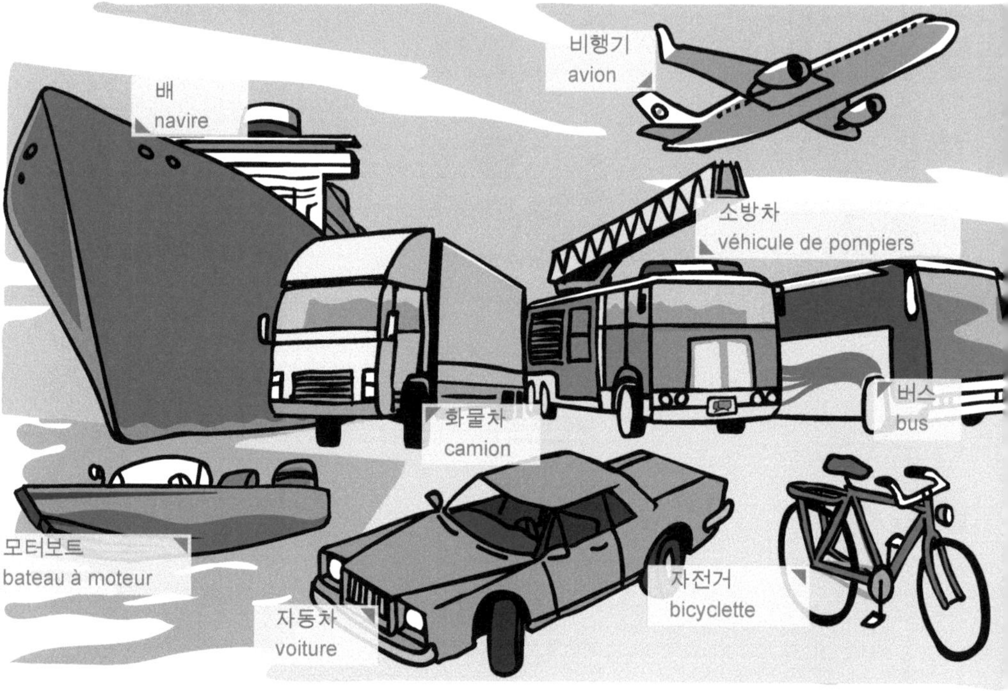

비행기
avion
배
navire
소방차
véhicule de pompiers
버스
bus
화물차
camion
모터보트
bateau à moteur
자동차
voiture
자전거
bicyclette

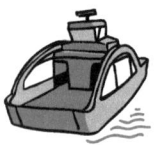

페리

ferry

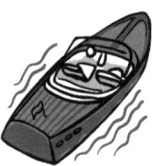

보트

barque

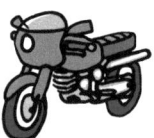

오토바이

moto

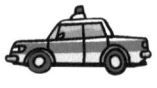

경찰차

voiture de police

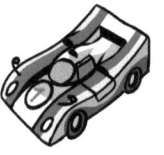

경주차

voiture de course

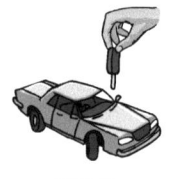

렌트카

voiture de location

카셰어링

auto-partage

견인차

voiture de remorquage

쓰레기차

benne à ordures

모터

moteur

연료

essence

주유소

station d'essence

교통 표지

panneau indicateur

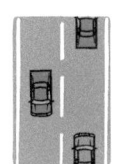

교통

trafic

교통 정체

embouteillage

주차장

parking

기차역

gare

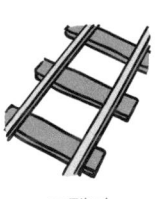

트랙터

rails

기차

train

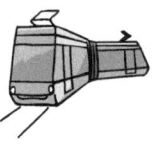

전차

tramway

객차

wagon

헬리콥터

hélicoptère

공항

aéroport

타워

tour

승객

passager

컨테이너

conteneur

상자

carton

카트

chariot

바구니

corbeille

출발하다 / 도착하다

décoller / atterrir

도시

ville

마을

village

도심

centre-ville

집

maison

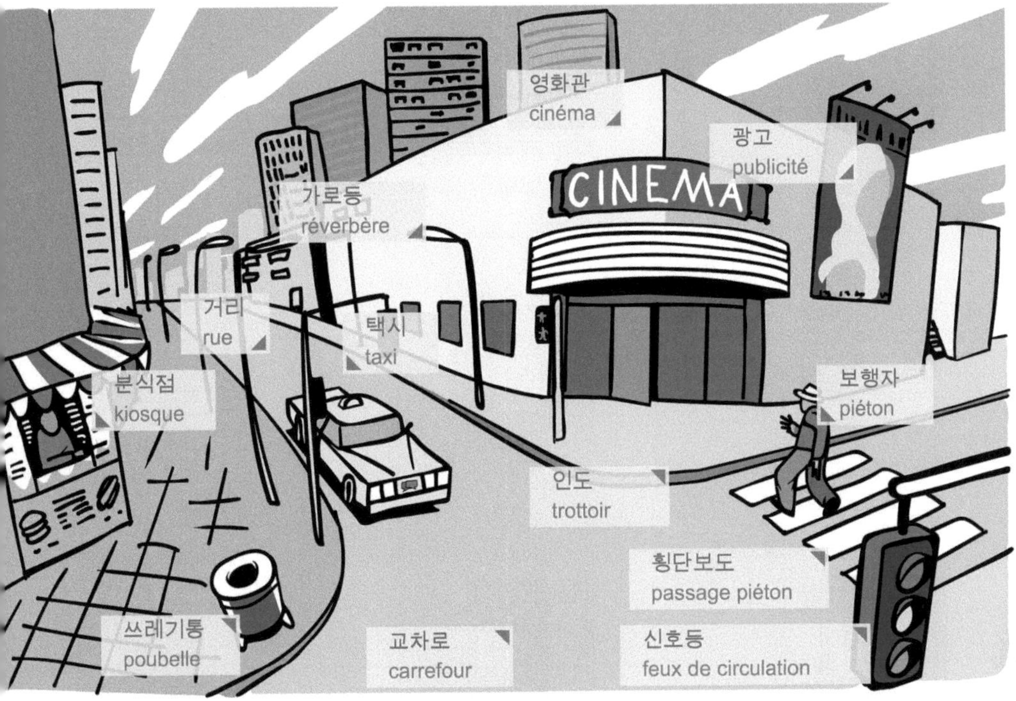

영화관
cinéma
광고
publicité
CINEMA
가로등
réverbère
거리
rue
택시
taxi
분식점
kiosque
보행자
piéton
인도
trottoir
횡단보도
passage piéton
쓰레기통
poubelle
교차로
carrefour
신호등
feux de circulation

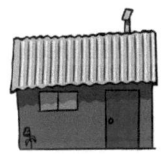

오두막

cabane

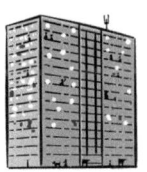

주택

appartement

기차역

gare

시청

mairie

MUSEUM

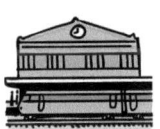

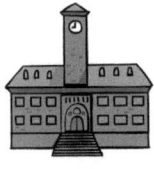

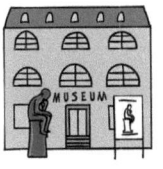

박물관

musée

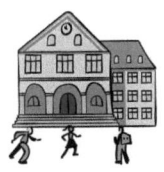

학교

école

대학교

université

은행

banque

병원

hôpital

호텔

hôtel

약국

pharmacie

사무실

bureau

서점

librairie

상점

magasin

꽃가게

fleuriste

수퍼마켓

supermarché

시장

marché

백화점

grand magasin

생선가게

poissonnerie

쇼핑 센터

centre commercial

항구

port

도시 - ville

공원

parc

벤치

banque

다리

pont

계단

escaliers

지하철

métro

터널

tunnel

버스 정류장

arrêt de bus

바

bar

레스토랑

restaurant

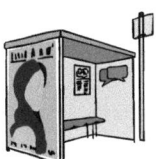

우체통

boîte à lettres

도로 표지판

panneau indicateur

주차료 징수기

parcmètre

동물원

zoo

수영장

piscine

모스크 사원

mosquée

도시 - ville

농장

ferme

환경오염

pollution

공동묘지

cimetière

교회

église

놀이터

aire de jeux

절

temple

풍경

paysage

잎
feuille

이정표
panneau indicateur

길
chemin

초원
pré

돌
pierre

나무
arbre

도보여행자
randonneur

강
rivière

잔디
herbe

꽃
fleur

계곡
vallée

산
montagne

호수
lac

숲
forêt

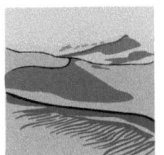

사막
désert

화산
volcan

성
château

무지개
arc-en-ciel

버섯
champignon

야자나무
palmier

모기
moustique

파리
mouche

개미
fourmis

벌
abeille

거미
araignée

풍경 - paysage

딱정벌레

coléoptère

개구리

grenouille

다람쥐

écureuil

고슴도치

hérisson

토끼

lièvre

부엉이

chouette

새

oiseau

백조

cygne

맷돼지

sanglier

사슴

cerf

순록

élan

댐

barrage

풍력 터빈

éolienne

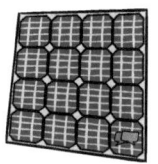

태양광 전지판

panneau solaire

기후

climat

웨이터
serveur

메뉴
menu

의자
chaise

수프
soupe

피자
pizza

수저
couverts

테이블보
nappe

전채요리

hors d'œuvre

주요리

plat principal

후식

dessert

음료수

boissons

음식

alimentation

병

bouteille

인스턴트 식품
fast-food

길거리음식
plats à emporter

찻주전자
théière

설탕통
sucrier

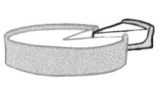

인분
portion

에스프레소 머신
machine à expresso

높은 의자
chaise haute

계산서
facture

쟁반
plateau

칼
couteau

포크
fourchette

숟가락
cuillère

찻숟가락
cuillère à thé

냅킨
serviette

유리잔
verre

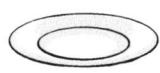

접시

assiette

수프 그릇

assiette à soupe

컵 받침

soucoupe

소스

sauce

소금통

salière

후추통

moulin à poivre

식초

vinaigre

기름

huile

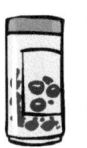

양념

épices

케첩

ketchup

겨자

moutarde

마요네즈

mayonnaise

수퍼마켓

supermarché

특가 판매
offre promotionnelle
FOR
고객
client
유제품
produits laitiers
과일
fruits
트롤리
chariot

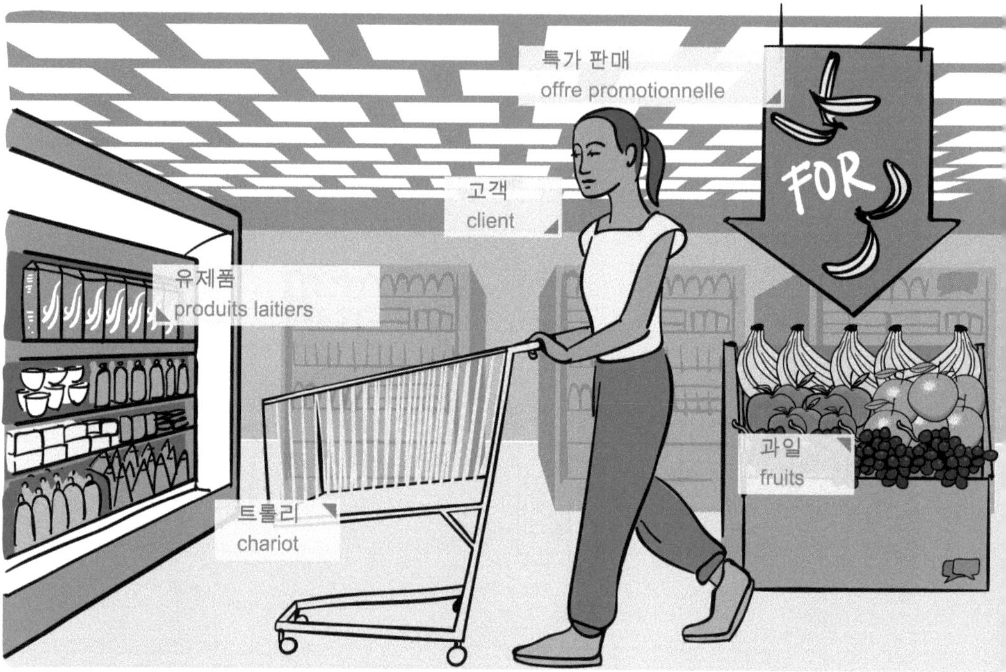

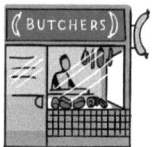

BUTCHERS

정육점

boucherie

BAKERY

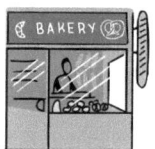

빵집

boulangerie

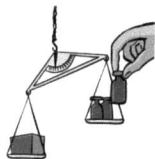

무게가 나가다

peser

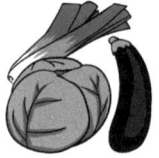

채소

légumes

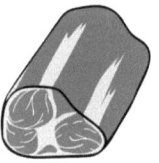

고기

viande

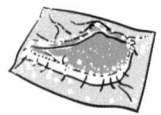

냉동식품

aliments surgelés

냉육

charcuterie

통조림

conserves

가루 세제

poudre à lessive

달콤한 간식

bonbons

가정용품

articles ménagers

세척제

détergents

판매원

vendeuse

계산대

caisse

계산원

caissier

구매목록

liste d'achats

문 여는 시간

heures d'ouverture

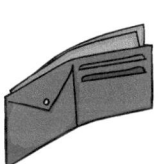

지갑

portefeuille

신용카드

carte de crédit

가방

sac

비닐 봉투

sac en plastique

음료수

boissons

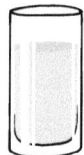

몰

eau

주스

jus de fruit

우유

lait

콜라

coca

와인

vin

맥주

bière

술

alcool

카카오

chocolat chaud

차고

thé

커피

café

에스프레소

expresso

카푸치노

cappuccino

바나나

banane

사과

pomme

오렌지

orange

수박

melon

레몬

citron

당근

carotte

마늘

ail

대나무

bambou

양파

oignon

버섯

champignon

견과류

noisettes

국수

pâtes

스파게티

spaghetti

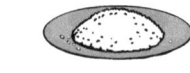

쌀

riz

샐러드

salade

감자칩

pommes frites

감자튀김

pommes de terre rôties

피자

pizza

햄버거

hamburger

샌드위치

sandwich

커틀렛

escalope

햄

jambon

살라미

salami

소시지

saucisse

닭

poulet

구이

rôti

생선

poisson

오트밀

flocons d'avoine

뮤슬리

muesli

콘플레이크

cornflakes

밀가루

farine

크루아상

croissant

롤빵

petits-pains

빵

pain

토스트

pain grillé

비스킷

biscuits

버터

beurre

응유

le fromage blanc

케이크

gâteau

달걀

œuf

계란 후라이

œuf au plat

치즈

fromage

아이스크림

glace

설탕

sucre

꿀

miel

잼

confiture

누가 크림

crème nougat

카레

curry

농장
ferme

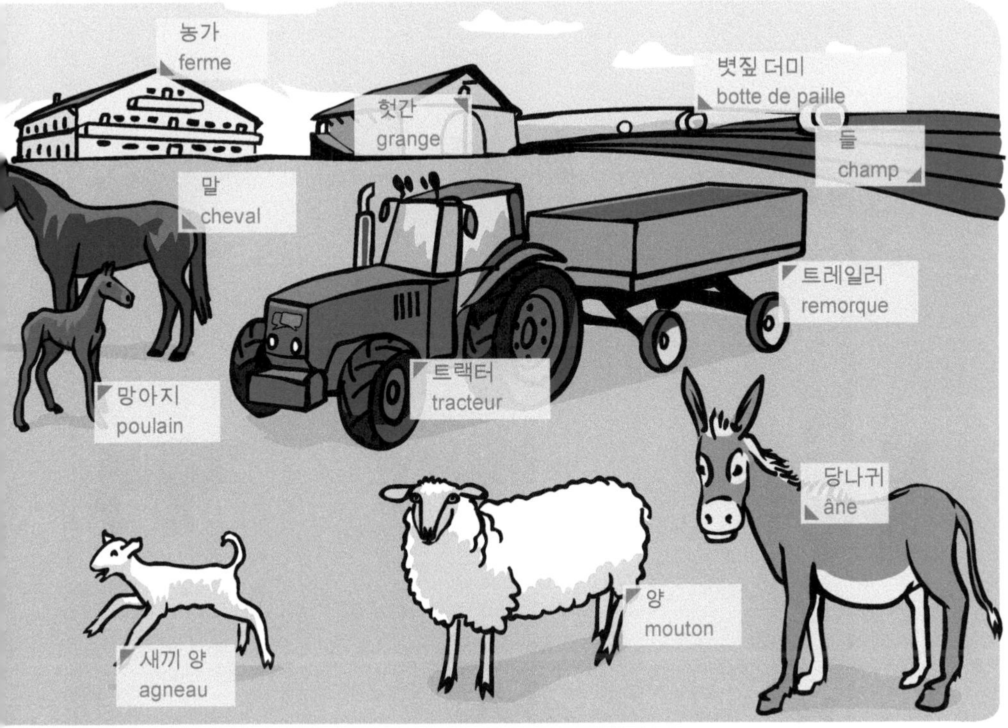

농가
ferme
헛간
grange
볏짚 더미
botte de paille
들
champ
말
cheval
트레일러
remorque
망아지
poulain
트랙터
tracteur
당나귀
âne
양
mouton
새끼 양
agneau

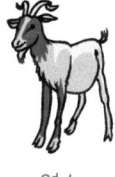

염소

chèvre

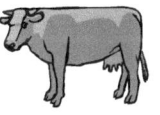

암소

vache

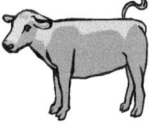

송아지

veau

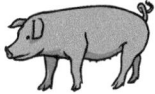

돼지

porc

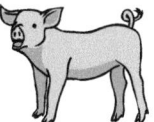

새끼 돼지

porcelet

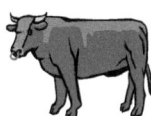

황소

taureau

거위
oie

오리
canard

병아리
poussin

암탉
poule

수탉
coq

쥐
rat

고양이
chat

생쥐
souris

황소
bœuf

개
chien

개집
chenil

정원용 호스
tuyau de jardin

물뿌리개
arrosoir

큰 낫
faucheuse

쟁기
charrue

낫
faucille

괭이
pioche

쇠스랑
fourche

도끼
hache

외바퀴 손수레
brouette

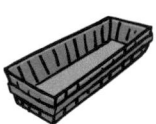

여물통
cuve

우유 캔
pot à lait

부대
sac

울타리
clôture

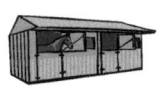

축사
étable

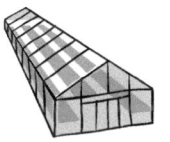

비닐하우스
serre

땅
sol

씨앗
semences

거름
engrais

콤바인
moissonneuse-batteuse

수확하다

récolter

수확

récolte

참마

igname

밀

blé

콩

soja

감자

pomme de terre

옥수수

maïs

유채씨

colza

과일나무

arbre fruitier

카사바

manioc

곡식

céréales

집

maison

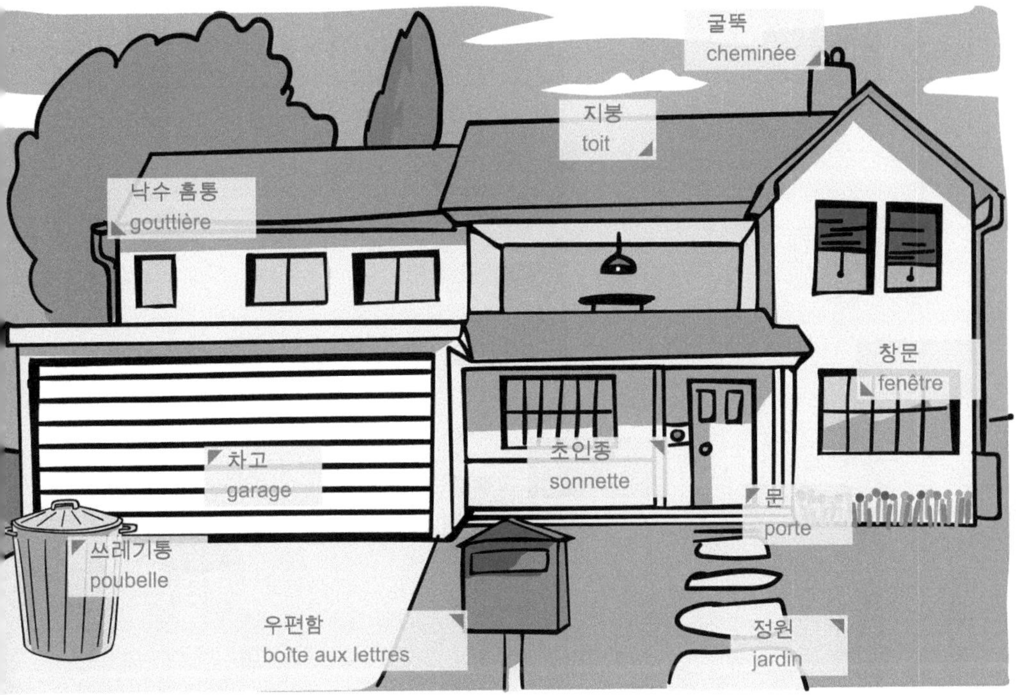
굴뚝
cheminée
지붕
toit
낙수 홈통
gouttière
창문
fenêtre
차고
garage
초인종
sonnette
문
porte
쓰레기통
poubelle
우편함
boîte aux lettres
정원
jardin

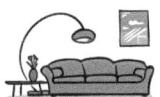

응접실

salon

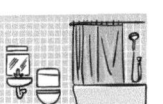

욕실

salle de bain

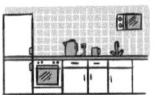

부엌

cuisine

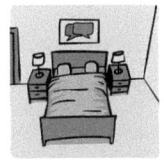

침실

chambre à coucher

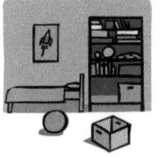

아이들 방

chambre d'enfant

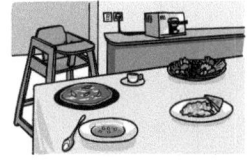

식사실

salle à manger

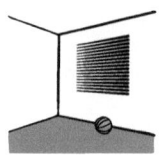

바닥
sol

벽
mur

천장
plafond

지하실
cave

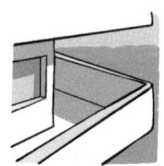

사우나
sauna

발코니
balcon

테라스
terrasse

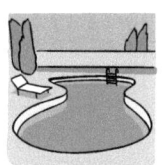

수영장
piscine

잔디 깎는 기계
tondeuse à gazon

침대 시트
housse

이불
couette

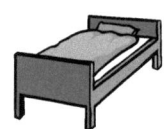

침대
lit

빗자루
balai

양동이
sceau

스위치
interrupteur

응접실

salon

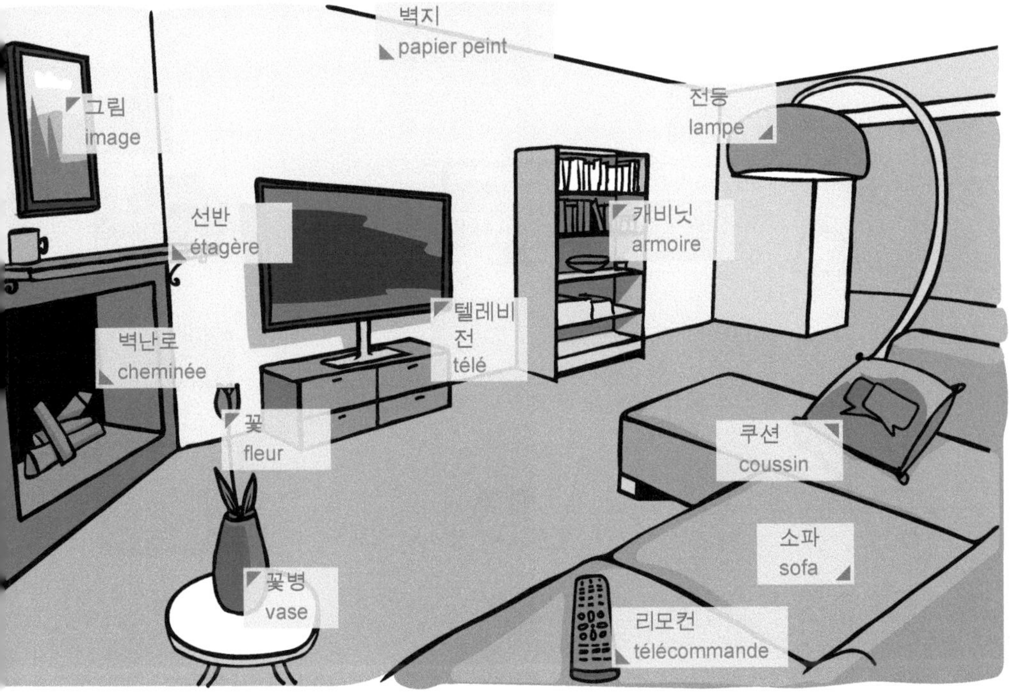

벽지
papier peint
그림
image
전등
lampe
선반
étagère
캐비닛
armoire
텔레비전
télé
벽난로
cheminée
꽃
fleur
쿠션
coussin
소파
sofa
꽃병
vase
리모컨
télécommande

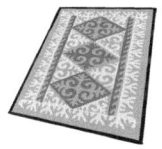

카페트

tapis

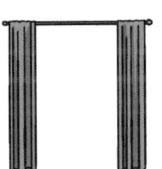

커튼

rideau

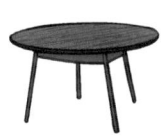

탁자

table

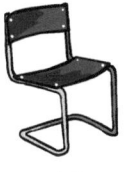

의자

chaise

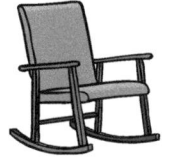

흔들의자

chaise à bascule

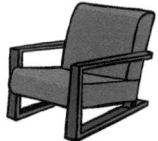

안락의자

fauteuil

책
livre

담요
couverture

장식
décoration

뗄감나무
bois de chauffage

영화
film

하이파이 기기
chaîne hi-fi

열쇠
clé

신문
journal

회화
peinture

포스터
poster

라디오
radio

노트
bloc-notes

진공청소기
aspirateur

선인장
cactus

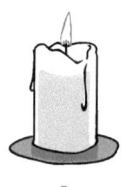

초
bougie

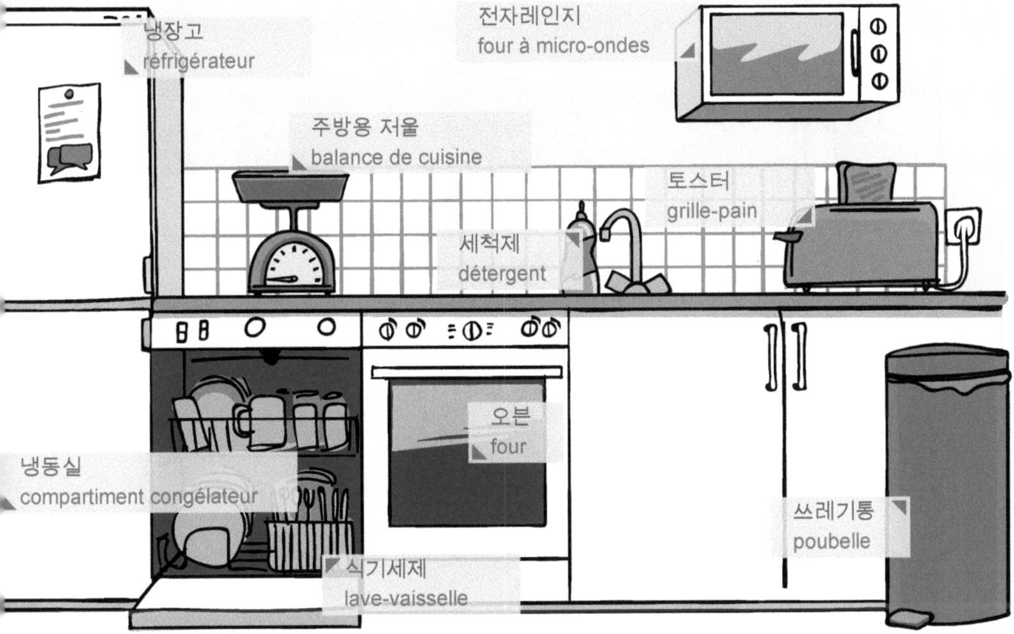

냉장고
réfrigérateur

전자레인지
four à micro-ondes

주방용 저울
balance de cuisine

토스터
grille-pain

세척제
détergent

오븐
four

냉동실
compartiment congélateur

쓰레기통
poubelle

식기세제
lave-vaisselle

쿠커

four

냄비

casserole

주철 냄비

marmite

웍 / 카다이 냄비

wok / kadai

프라이팬

poêle

주전자

bouilloire electrique

찜기

cuiseur vapeur

오븐 구이용 쟁반

plaque de cuisson

그릇

vaisselle

머그

gobelet

양푼이

coupe

젓가락

baguettes

국자

louche

주걱

spatule

거품기

fouet

여과기

passoire

체

tamis

강판

râpe

절구

mortier

바베큐

barbecue

화덕

cheminée

도마

planche à découper

밀방망이

rouleau à pâtisserie

코르크 병따개

tire-bouchon

캔

boîte

캔 따개

ouvre-boîte

냄비 받침

maniques

개수대

lavabo

솔

brosse

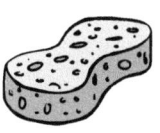

수세미

éponge

블렌더

mixeur

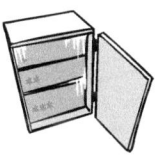

냉동고

congélateur

젖병

biberon

수도꼭지

robinet

부엌 - cuisine

욕실

salle de bain

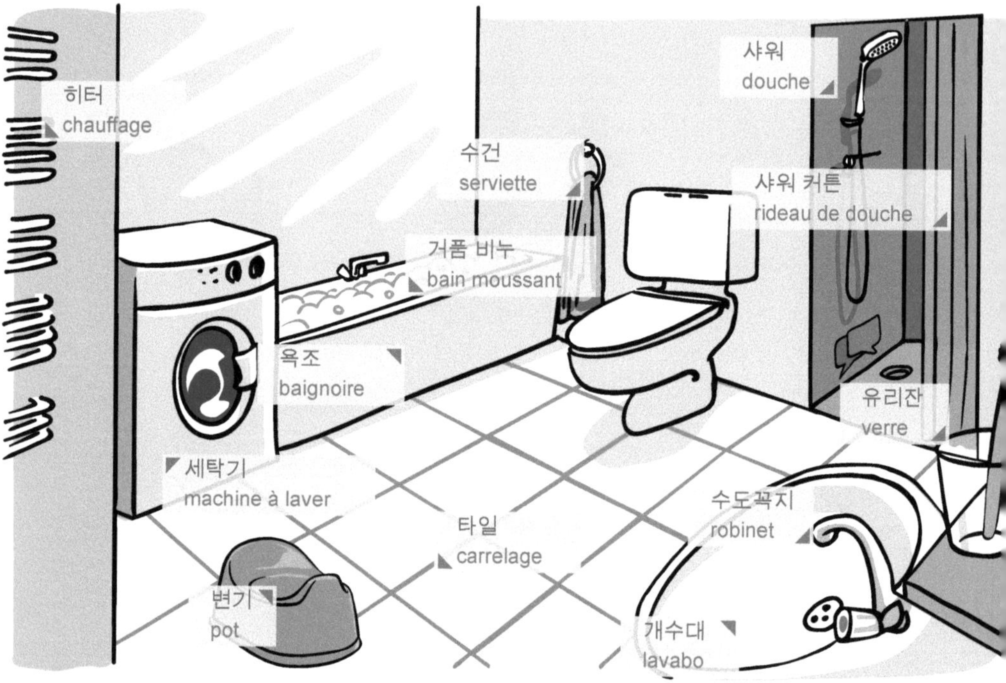

히터
chauffage
샤워
douche
수건
serviette
샤워 커튼
rideau de douche
거품 비누
bain moussant
욕조
baignoire
유리잔
verre
세탁기
machine à laver
수도꼭지
robinet
타일
carrelage
변기
pot
개수대
lavabo

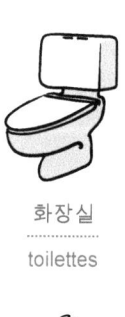

화장실

toilettes

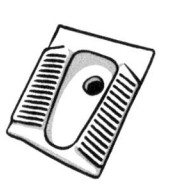

재래식 화장실

toilette à la turque

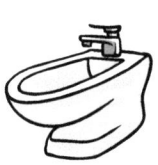

비데

bidet

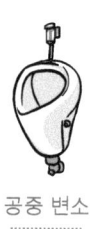

공중 변소

urinoir

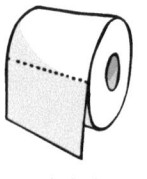

화장지

papier toilette

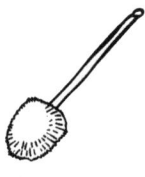

변기솔

brosse à toilette

치솔

brosse à dents

치약

dentifrice

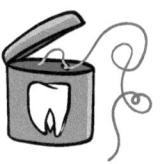

치실

fil dentaire

씻다

laver

샤워기

douche manuelle

질 세척제

douche intime

대야

vasque

등밀이솔

brosse dorsale

비누

savon

샤워 젤

gel douche

샴푸

shampooing

물걸레

gant de toilette

배수관

écoulement

크림

crème

체취 제거제

déodorant

거울

miroir

휴대용 거울

miroir cosmétique

면도기

rasoir

면도 거품

mousse à raser

에프터쉐이브

après-rasage

빗

peigne

솔

brosse

헤어드라이기

sèche-cheveux

헤어스프레이

laque pour cheveux

메이크업

fond de teint

립스틱

rouge à lèvres

손톱깎이

vernis à ongles

면 솜

ouate

손톱

coupe-ongles

향수

parfum

세면도구 주머니

trousse de toilette

스툴

tabouret

저울

pèse-personne

목욕 가운

peignoir

고무 장갑

gants de nettoyage

탐폰

tampon

생리대

serviettes hygiéniques

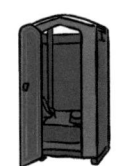

화학 화장실

toilette chimique

아이들 방

chambre d'enfant

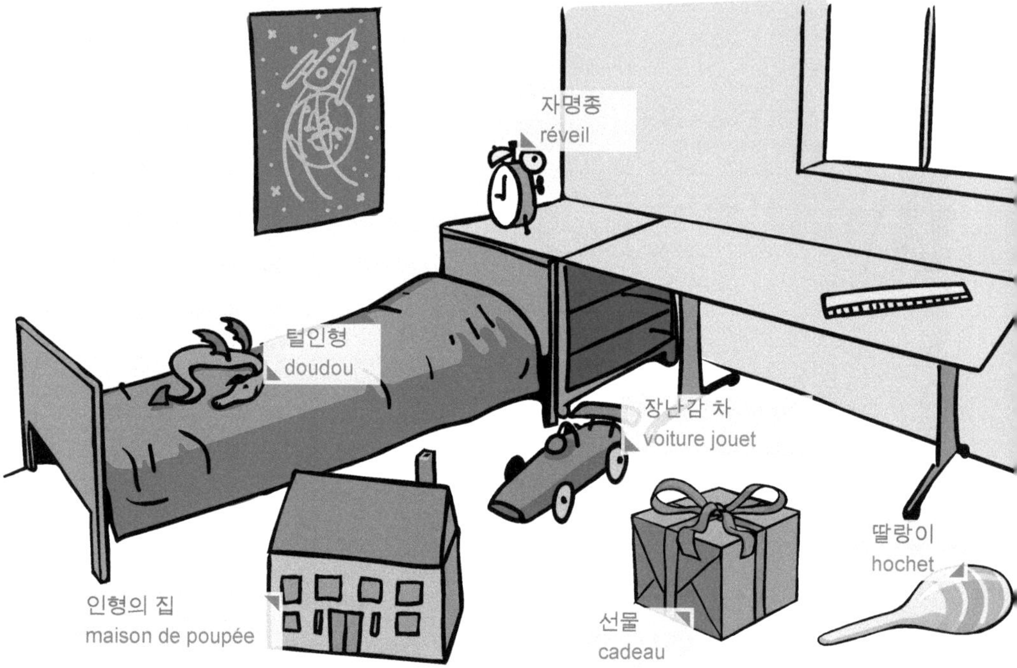

자명종
réveil
털인형
doudou
장난감 차
voiture jouet
딸랑이
hochet
인형의 집
maison de poupée
선물
cadeau

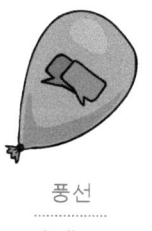

풍선

ballon

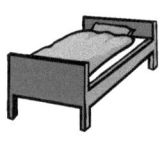

침대

lit

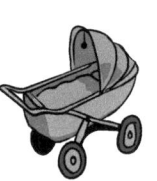

유모차

poussette

카드 게임

jeu de cartes

퍼즐

puzzle

SUPER MEGA

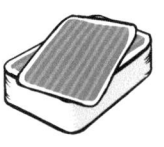

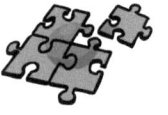

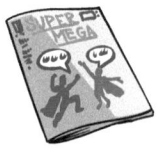

만화

bande dessinée

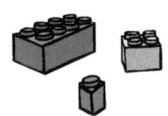

레고

pièces lego

장난감 블럭

blocs de construction

액션 캐릭터

figurine

베이비 그로

grenouillère

프리스비

frisbee

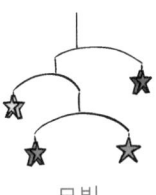

모빌

mobile

보드 게임

jeu de société

주사위

dé

기차 모형 세트

train miniature

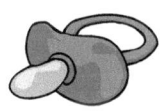

노리개 젖꼭지

sucette

파티

fête

그림책

livre d'images

공

balle

인형

poupée

놀다

jouer

모래상자

bac à sable

그네

balançoire

장난감

jouets

비디오 게임 콘솔

console de jeu

세바퀴자전거

tricycle

곰인형

ours en peluche

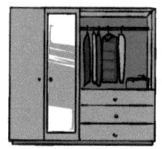

옷장

armoire

의복

vêtements

양말

chaussettes

스타킹

bas

스타킹

collant

스카프
écharpe

우산
parapluie

티셔츠
t-shirt

허리띠
ceinture

부츠
bottes

슬리퍼
pantoufles

운동화
baskets

샌들
sandales

신발
chaussures

고무 장화
bottes de caoutchouc

팬티
sous-vêtements

브래지어
soutien-gorge

러닝 셔츠
maillot de corps

바디

body

바지

pantalon

청바지

jean

치마

jupe

블라우스

chemisier

셔츠

chemise

풀오버

pull

후드티

sweat à capuche

블레이저

veste

자켓

veste

외투

manteau

비옷

imperméable

의상

costume

원피스

robe

웨딩 드레스

robe de mariée

양복

costume

나이트가운

chemise de nuit

잠옷

pyjama

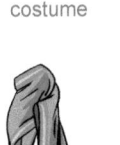

사리

sari

두건

foulard

터번

turban

부르카

burqa

카프탄

caftan

아바야

abaya

수영복

maillot de bain

수영바지

maillot de bain

반바지

short

트레이닝복

tenue d'entraînement

앞치마

tablier

장갑

gants

단추

bouton

안경

lunettes

팔찌

bracelet

목걸이

collier

반지

bague

귀걸이

boucle d'oreille

캡 모자

bonnet

옷걸이

cintre

모자

chapeau

넥타이

cravate

지퍼

fermeture éclair

헬멧

casque

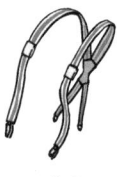

멜빵

bretelles

교복

uniforme scolaire

유니폼

uniforme

턱받이

bavoir

노리개 젖꼭지

sucette

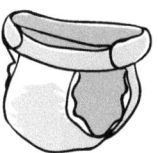

기저귀

lange

사무실

bureau

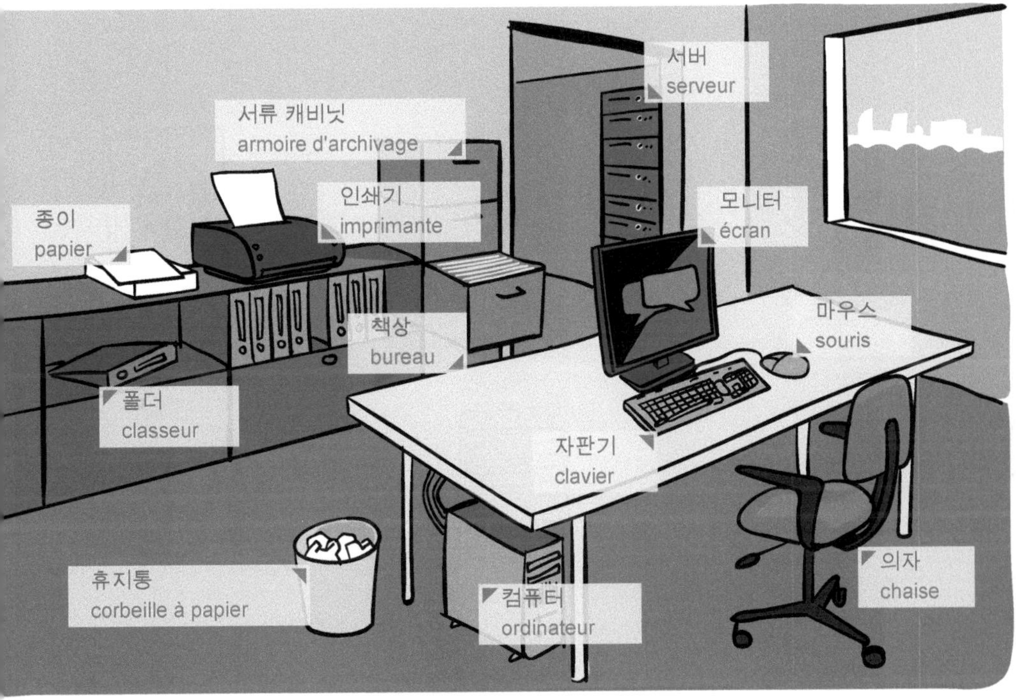

서버
serveur

서류 캐비닛
armoire d'archivage

인쇄기
imprimante

종이
papier

모니터
écran

마우스
souris

책상
bureau

폴더
classeur

자판기
clavier

의자
chaise

휴지통
corbeille à papier

컴퓨터
ordinateur

커피잔

tasse de café

계산기

calculatrice

인터넷

internet

노트북
ordinateur portable

편지
lettre

메시지
message

휴대전화
portable

네트워크
réseau

복사기
photocopieuse

소프트웨어
logiciel

전화
téléphone

플러그 소켓
prise

팩시밀리
fax

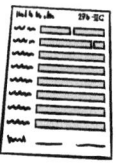

서식
formulaire

서류
document

사다
acheter

지불하다
payer

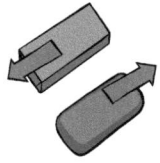

거래하다
faire du commerce

돈
monnaie

달러
dollar

유로
euro

엔
yen

루벨
rouble

스위스 프랑
franc suisse

위안
renminbi yuan

루피
roupie

현금인출기
distributeur automatique

환전소

bureau de change

금

or

은

argent

석유

pétrole

에너지

énergie

가격

prix

계약

contrat

세금

taxe

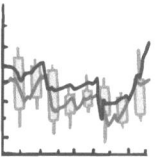

주식

action

일하다

travailler

근로자

employé

고용주

employeur

공장

usine

상점

magasin

직업

professions

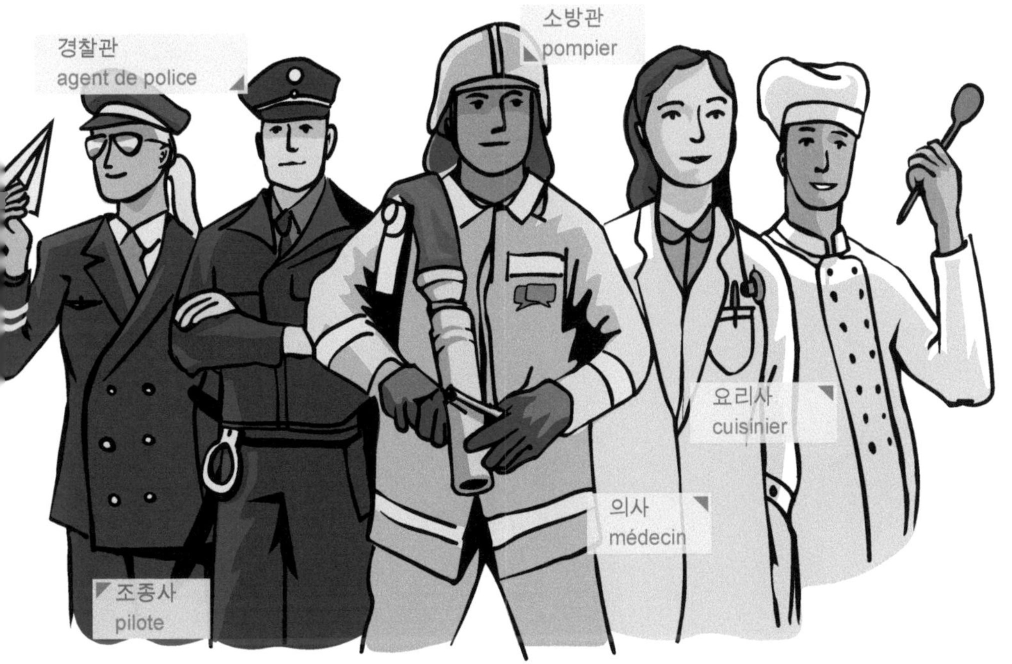
경찰관
agent de police
소방관
pompier
요리사
cuisinier
의사
médecin
조종사
pilote

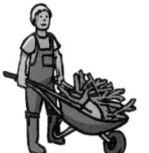

정원사

jardinier

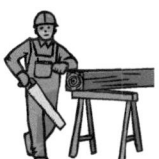

목수

menuisier

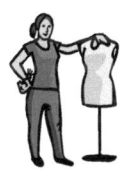

수선공

couturière

판사

juge

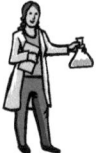

화학자

chimiste

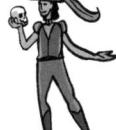

배우

acteur

버스운전사

conducteur de bus

택시 운전사

chauffeur de taxi

어부

pêcheur

청소부

femme de ménage

지붕 수리자

couvreur

웨이터

serveur

사냥꾼

chasseur

화가

peintre

제빵사

boulanger

전기업자

électricien

건축업자

ouvrier

엔지니어

ingénieur

정육점업자

boucher

배관업자

plombier

우편물 배달부

facteur

군인

soldat

건축가

architecte

계산원

caissier

플로리스트

fleuriste

미용사

coiffeur

검표원

contrôleur

정비사

mécanicien

선장

capitaine

치과의사

dentiste

학자

scientifique

유대교 라비

rabbin

이맘

imam

수도승

moine

사제

prêtre

연장

outils

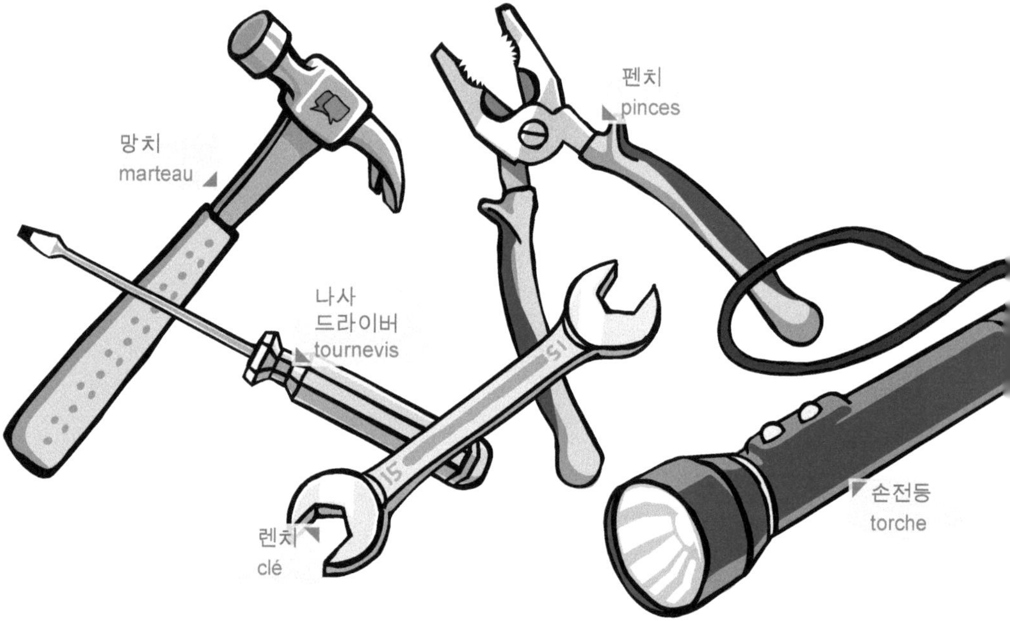
망치
marteau
펜치
pinces
나사
드라이버
tournevis
렌치
clé
손전등
torche

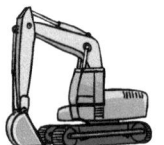

굴삭기

pelleteuse

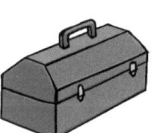

연장통

boîte à outils

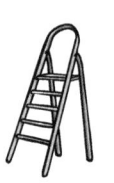

사다리

échelle

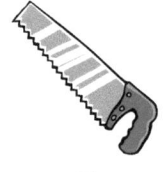

톱

scie

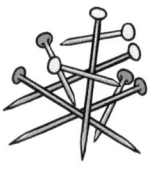

못

clous

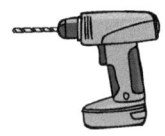

드릴

perceuse

수리하다

réparer

삽

pelle

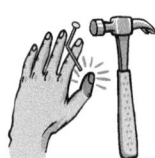

젠장!

Mince !

쓰레받기

pelle

페인트통

pot de peinture

나사

vis

악기

instruments de musique

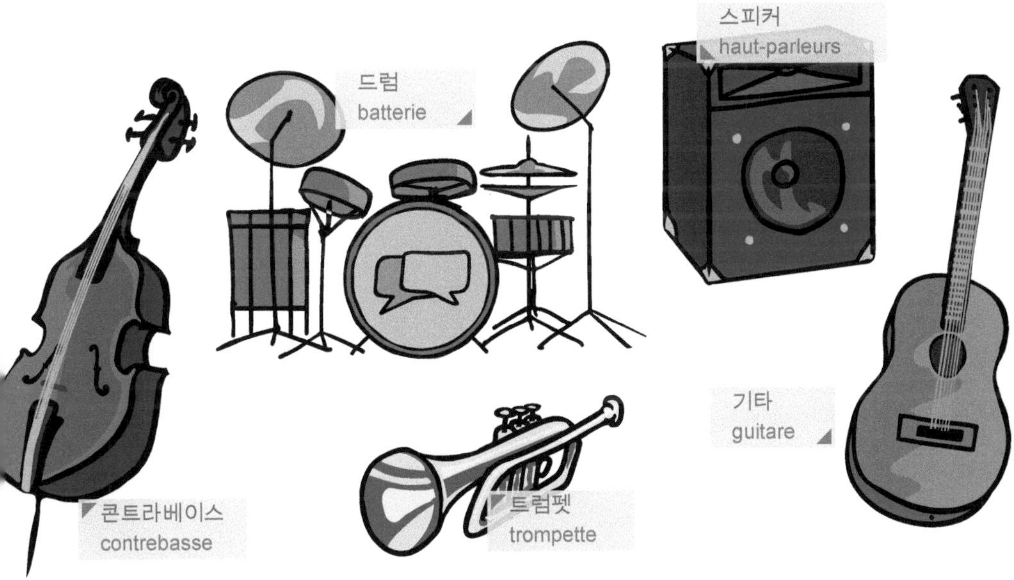

드럼
batterie

스피커
haut-parleurs

콘트라베이스
contrebasse

트럼펫
trompette

기타
guitare

피아노

piano

바이올린

violon

베이스

basse

팀파니

timbales

북

tambour

키보드

piano électrique

색소폰

saxophone

플루트

flûte

마이크

microphone

동물원

ZOO

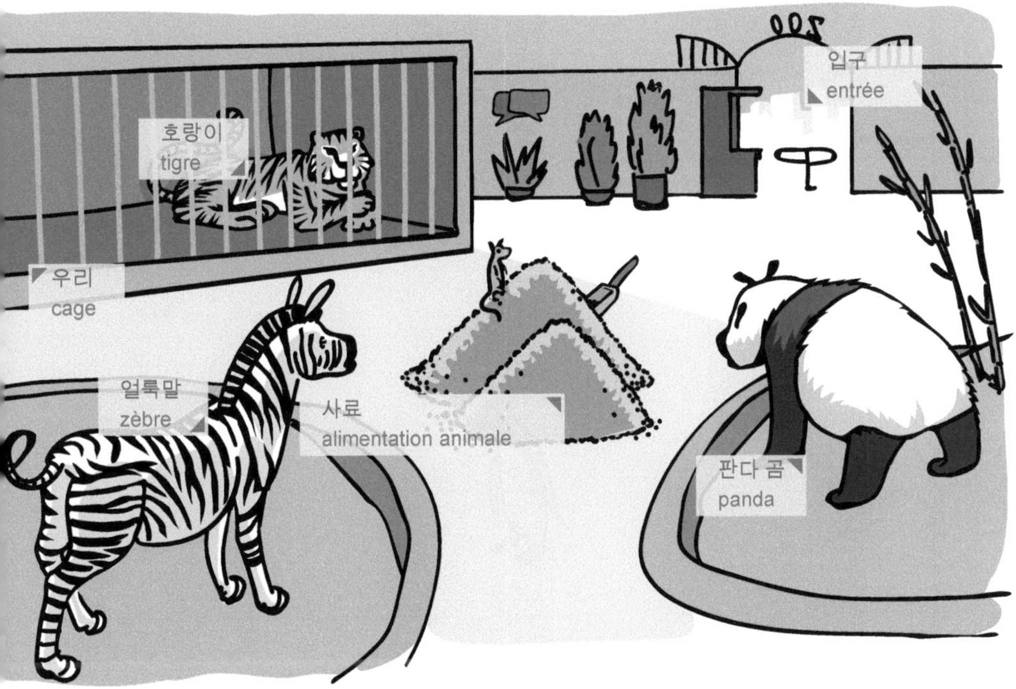

zoo
입구
entrée
호랑이
tigre
우리
cage
얼룩말
zèbre
사료
alimentation animale
판다 곰
panda

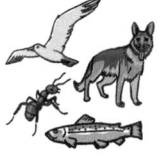

동물
animaux

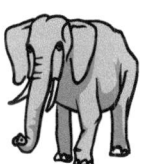

코끼리
éléphant

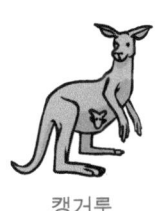

캥거루
kangourou

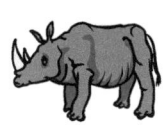

코뿔소
rhinocéros

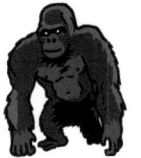

고릴라
gorille

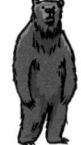

곰
ours

낙타

chameau

타조

autruche

사자

lion

원숭이

singe

홍학

flamand rose

앵무새

perroquet

북극곰

ours polaire

펭귄

pingouin

상어

requin

공작

paon

뱀

serpent

악어

crocodile

동물원 사육사

gardien de zoo

물개

phoque

재규어

jaguar

조랑말

poney

표범

léopard

하마

hippopotame

기린

girafe

독수리

aigle

맷돼지

sanglier

생선

poisson

거북이

tortue

바다코끼리

morse

여우

renard

영양

gazelle

미식축구
american Football

자전거 경기
cyclisme

테니스
tennis

농구
basket-ball

수영
natation

권투
boxe

아이스하키
hockey sur glace

축구
football

배드민턴
badminton

육상 경기
athlétisme

핸드볼
handball

스키
ski

폴로
polo

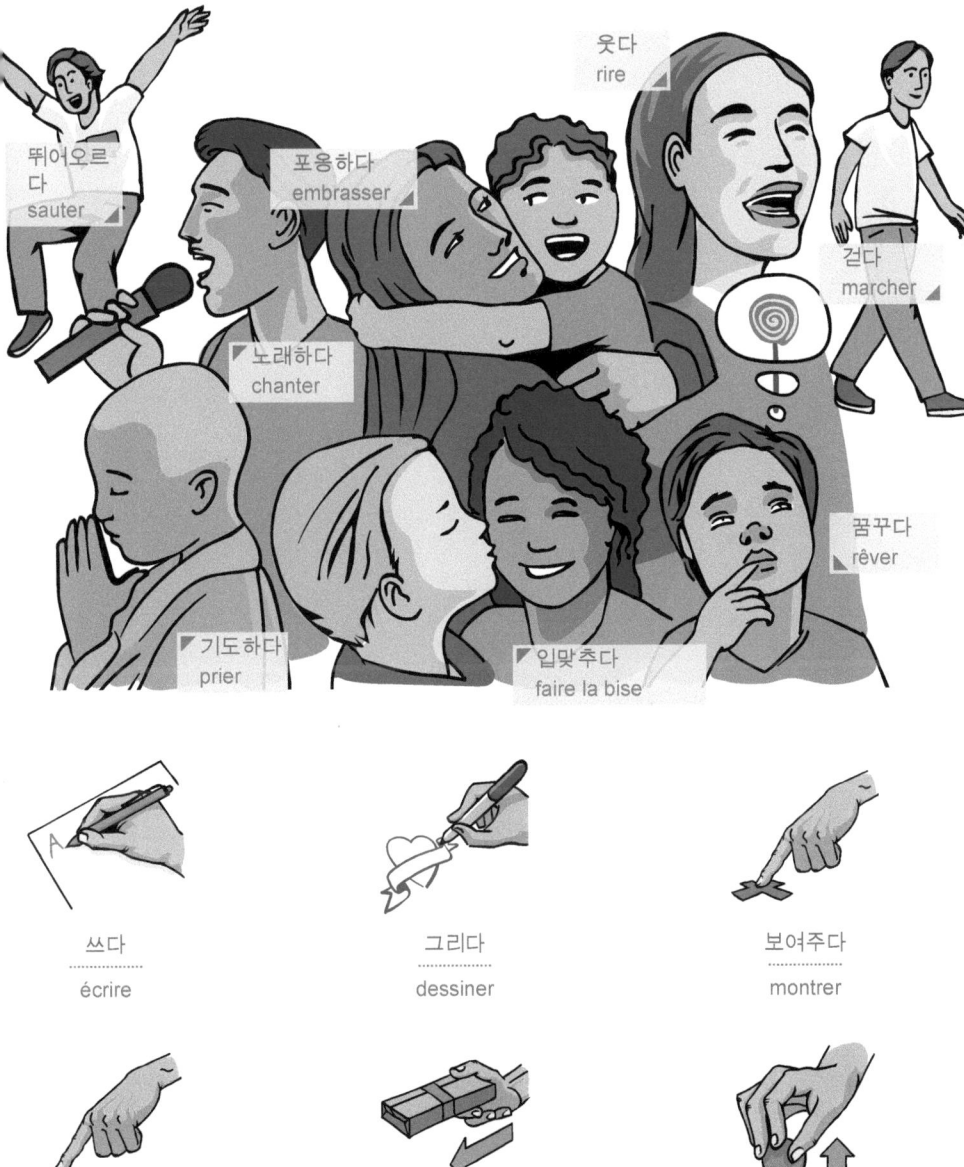

뛰어오르다
sauter

포옹하다
embrasser

웃다
rire

걷다
marcher

노래하다
chanter

기도하다
prier

입맞추다
faire la bise

꿈꾸다
rêver

쓰다
écrire

그리다
dessiner

보여주다
montrer

밀다
pousser

주다
donner

받다
prendre

가지다

avoir

행하다

faire

...이다

être

서있다

être debout

뛰다

courir

당기다

trier

던지다

jeter

떨어지다

tomber

누워있다

être couché

기다리다

attendre

운반하다

porter

앉다

être assis

옷을 입다

s'habiller

자다

dormir

깨다

se réveiller

보다

regarder

울다

pleurer

쓰다듬다

caresser

빗다

peigner

말하다

parler

이해하다

comprendre

묻다

demander

듣다

écouter

마시다

boire

먹다

manger

정리하다

ranger

사랑하다

aimer

요리하다

cuire

주행하다

conduire

날다

voler

활동 - activités

해항하다

faire de la voile

계산하다

calculer

읽다

lire

배우다

apprendre

일하다

travailler

결혼하다

se marier

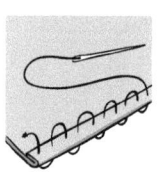

바느질하다

coudre

이를 닦다

brosser les dents

죽이다

tuer

담배 피우다

fumer

보내다

envoyer

가족

famille

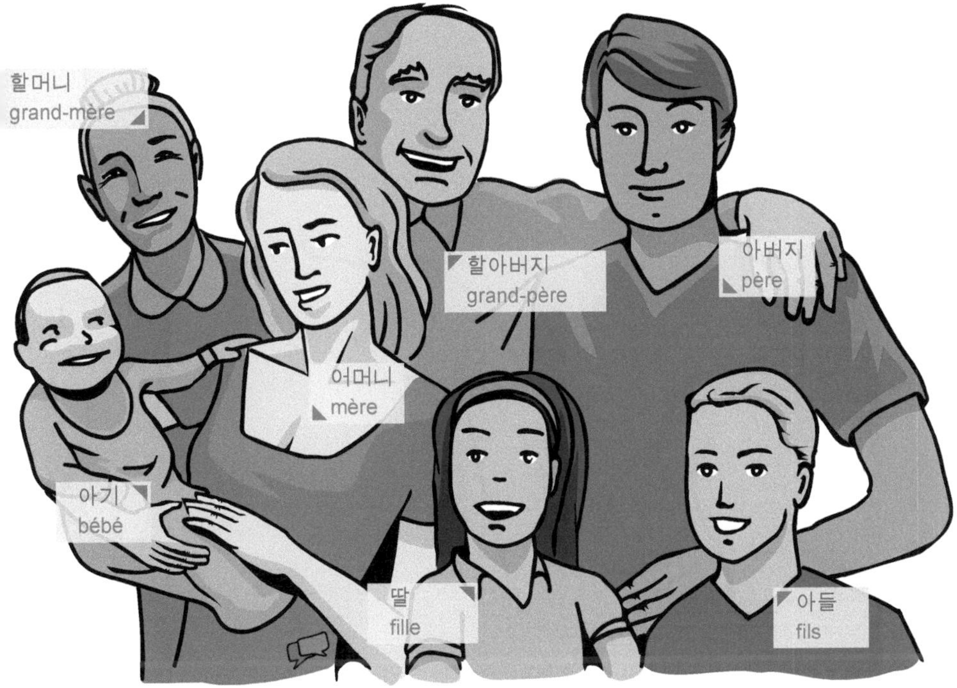

할머니
grand-mère
할아버지
grand-père
아버지
père
어머니
mère
아기
bébé
딸
fille
아들
fils

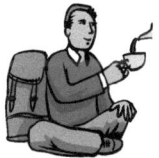

손님

hôte

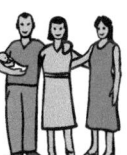

이모 / 고모

tante

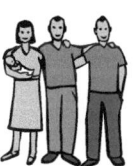

삼촌

oncle

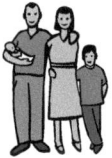

형제

frère

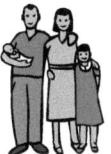

자매

sœur

몸통

corps

이마
front
눈
œil
어깨
épaule
손가락
doigt
얼굴
visage
턱
menton
손가락
main
가슴
poitrine
다리
jambe
팔
bras

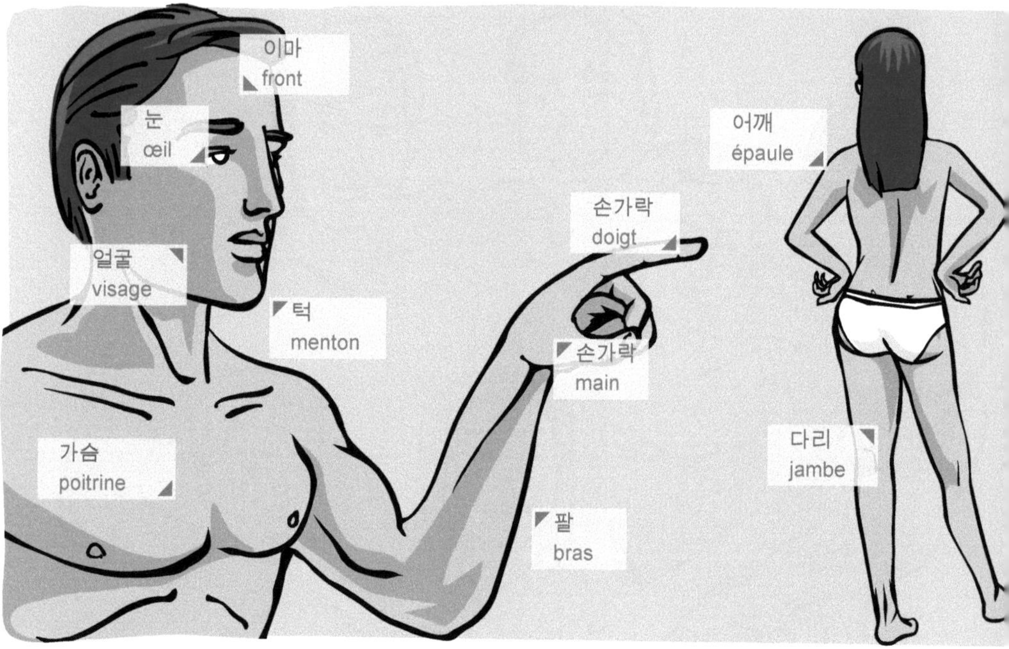

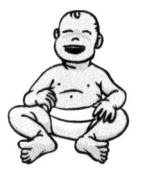

아기

bébé

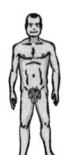

남자

homme

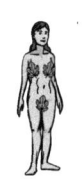

여자

femme

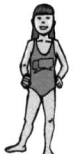

소녀

fille

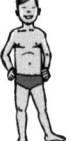

소년

garçon

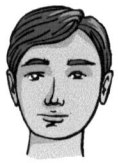

머리카락

tête

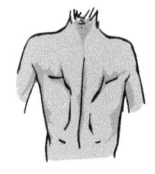

등
dos

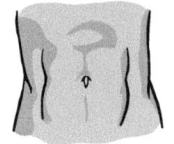

배
ventre

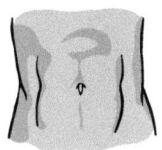

배꼽
nombril

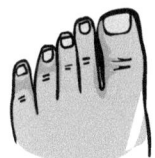

발가락
orteil

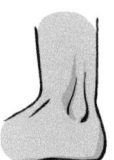

발꿈치
talon

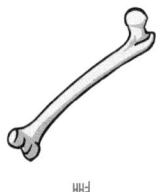

뼈
os

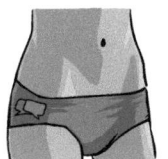

엉덩이
hanche

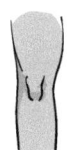

무릎
genou

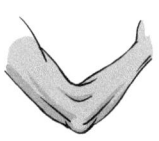

팔꿈치
coude

코
nez

둔부
fesses

피부
peau

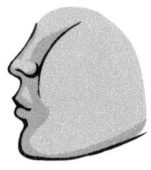

뺨
joue

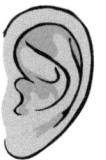

귀
oreille

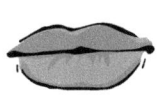

입술
lèvre

입
bouche

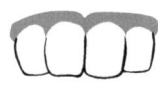

치아
dent

혀
langue

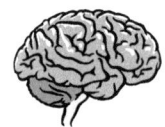

뇌
cerveau

심장
cœur

근육
muscle

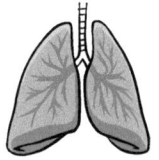

허파
poumons

간
foie

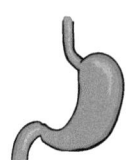

위
estomac

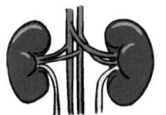

신장
reins

성교
rapport sexuel

콘돔
préservatif

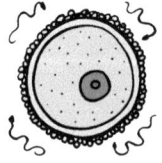

난자
ovule

정자
sperme

임신
grossesse

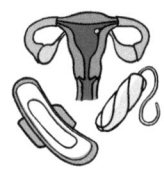

월경

menstruation

질

vagin

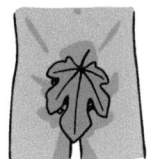

음경

pénis

눈썹

sourcil

머리카락

cheveux

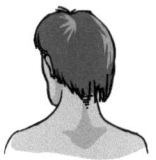

목

cou

병원
hôpital

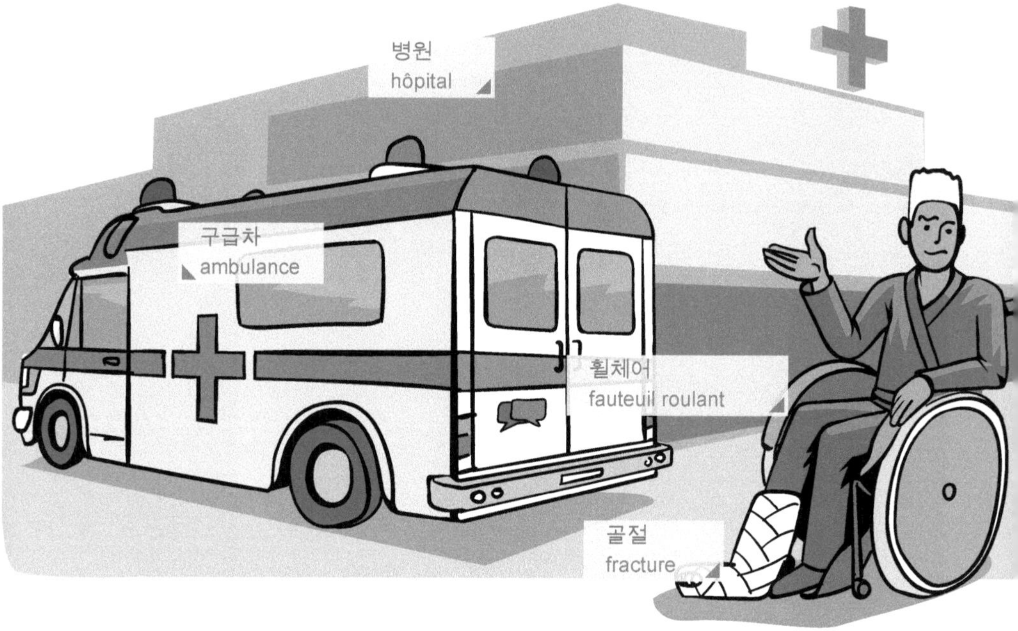

병원
hôpital
구급차
ambulance
휠체어
fauteuil roulant
골절
fracture

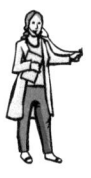

의사

médecin

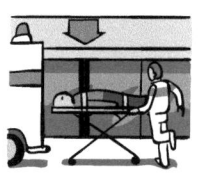

응급실

service des urgences

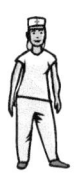

간호사

infirmière

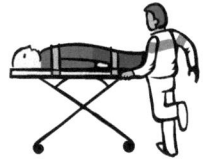

응급상황

urgence

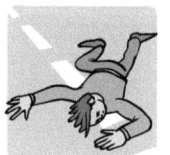

혼수상태

inconscient

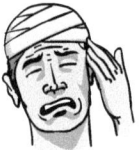

통증

douleur

부상

blessure

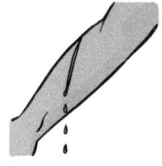

출혈

hémorragie

심장마비

crise cardiaque

뇌졸중

attaque cérébrale

알러지

allergie

기침

toux

열

fièvre

독감

grippe

설사

diarrhée

두통

mal de tête

암

cancer

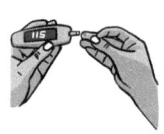

당뇨병

diabète

외과의

chirurgien

수술용 메스

scalpel

수술

opération

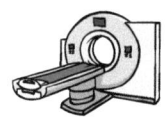

CT
CT

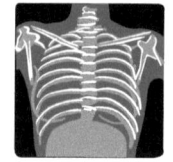

엑스레이
radiographie

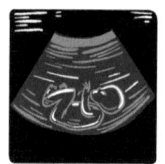

초음파
échographie

마스크
masque

질병
maladie

대기실
salle d'attente

목발
béquille

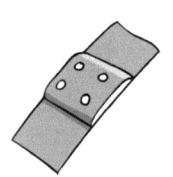

반창고
pansement

붕대
pansement

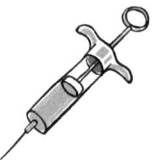

주사
injection

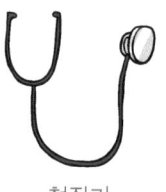

청진기
stéthoscope

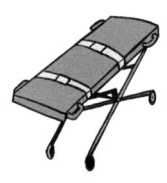

들것
brancard

체온계
thermomètre

출생
accouchement

과체중
surcharge pondérale

보청기

appareil auditif

소독약

désinfectant

감염

infection

바이러스

virus

HIV / AIDS

VIH / sida

의학

médicament

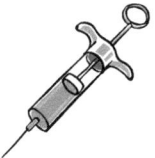

예방접종

vaccination

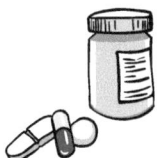

알약

comprimés

알약

pilule

구급 전화

appel d'urgence

혈압측정기

tensiomètre

병든 / 건강한

malade / sain

경보음

alarme

폭행

assaut

도와주세요!

Au secours !

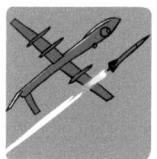

공격

attaque

위험

danger

비상구

sortie de secours

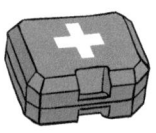

불이야!

Au feu!

소화기

extincteur

사고

accident

구급 상자

trousse de premier secours

SOS

SOS

경찰

police

유럽

Europe

북미

Amérique du Nord

남미

Amérique du Sud

아프리카

Afrique

아시아

Asie

호주

Australie

북극

Océan atlantique

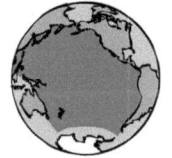

태평양

Océan pacifique

인도양

Océan indien

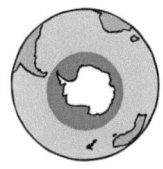

남극해

Océan antarctique

북극해

Océan arctique

북극해

pôle nord

남극해

pôle sud

남극

Antarctique

지구

terre

육지

pays

바다

mer

섬

île

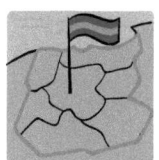

국가

nation

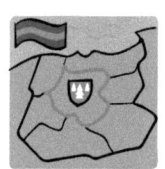

주

état

시계 문자판

cadran

시침

aiguille des heures

분침

aiguille des minutes

초침

aiguille des secondes

몇 시입니까?

Quelle heure est-il ?

일

jour

시간

temps

지금

maintenant

디지털 시계

montre digitale

분

minute

시간

heure

월요일
lundi

수요일
mercredi

금요일
vendredi

TU

TH

토요일
samedi

SA

SO

화요일
mardi

목요일
jeudi

일요일
dimanche

어제
hier

오늘
aujourd'hui

내일
demain

아침
matin

정오
midi

저녁
soir

근로일
jours ouvrables

주말
week-end

년도

année

비
pluie
무지개
arc-en-ciel
바람
vent
눈
neige
봄
printemps
가을
automne
여름
été
겨울
hiver

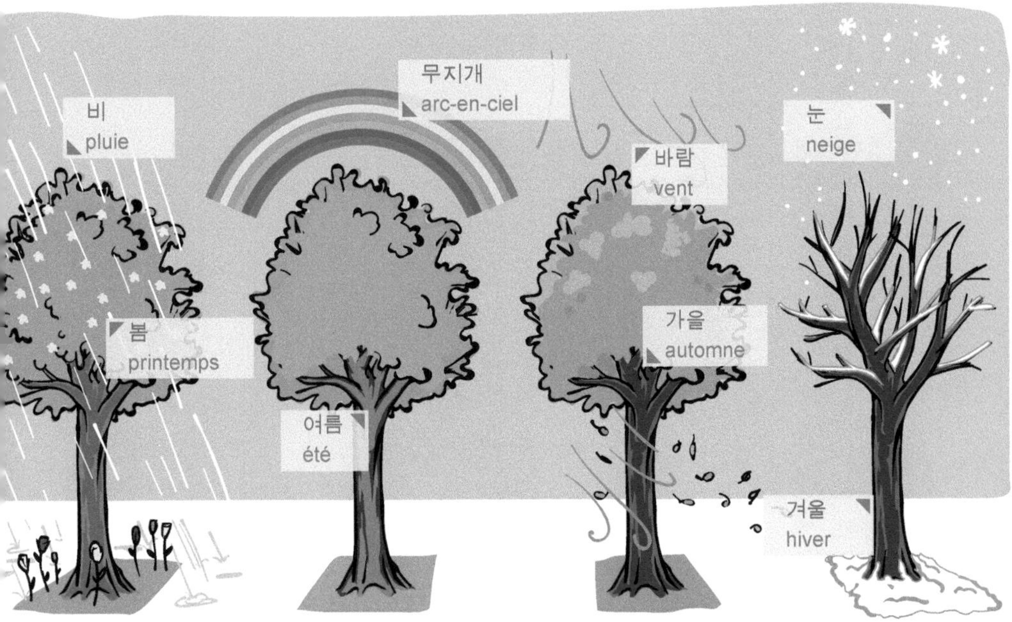

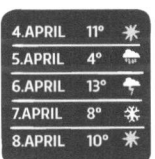

4.APRIL 11°
5.APRIL 4°
6.APRIL 13°
7.APRIL 8°
8.APRIL 10°

날씨 예보

météo

F C
120 40
90 30
60 20
30 10
0 0
-30 -10
-20

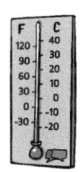

온도계

thermomètre

햇빛

lumière du soleil

구름

nuage

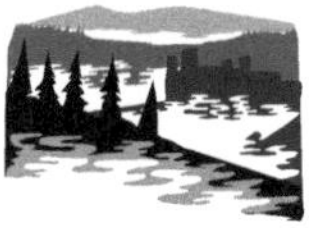

안개

brouillard

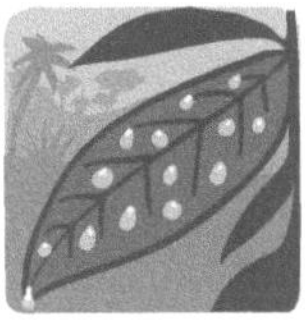

습도

humidité

번개	천둥	폭풍
foudre	tonnerre	tempête

우박	장마	홍수
grêle	mousson	inondation

얼음	1월	2월
glace	janvier	février

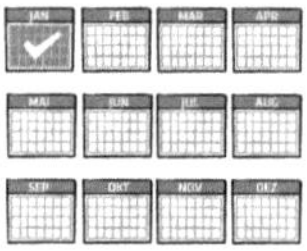

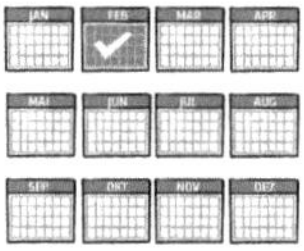

3월	4월	5월
mars	avril	mai

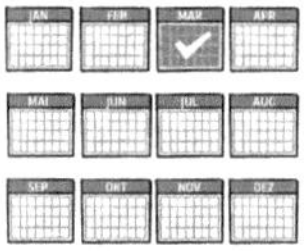

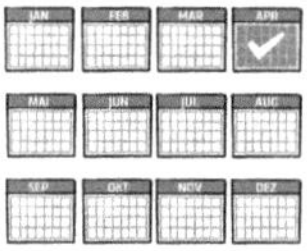

6월	7월	8월
juin	juillet	août

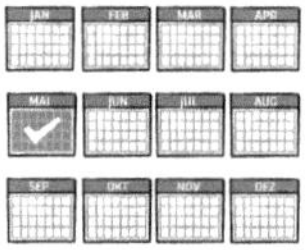

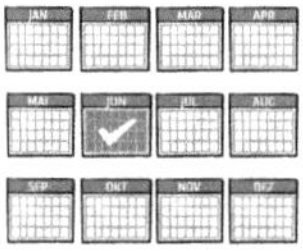

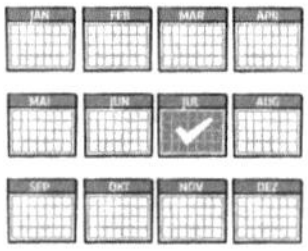

년도 - année

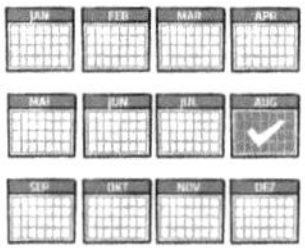

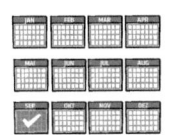

9월
....
septembre

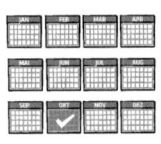

10월
....
octobre

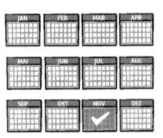

11월
....
novembre

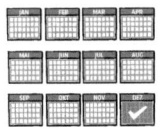

12월
....
décembre

원
....
cercle

정사각형
....
carré

직사각형
....
rectangle

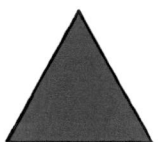

삼각형
....
triangle

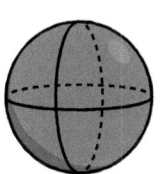

구
....
sphère

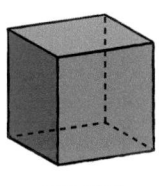

정사면체
....
cube

하양

blanc

노랑

jaune

주황

orange

분홍

rose

빨강

rouge

보라

violet

파랑

bleu

초록

vert

갈색

marron

회색

gris

검정

noir

많은 / 적은

beaucoup / peu

화난 / 차분한

fâché / calme

아름다운 / 추한

joli / laid

시작 / 끝

début / fin

큰 / 작은

grand / petit

밝은 / 어두운

clair / obscure

형제 / 자매

frère / soeur

깨끗한 / 더러운

propre / sale

완전한 / 불완전한

complet / incomplet

낮 / 밤

jour / nuit

죽은 / 산

mort / vivant

넓은 / 좁은

large / étroit

삭용의 / 비식용의

comestible / incomestible

불친절한 / 친절한

méchant / gentil

흥분된 / 지루한

excité / ennuyé

뚱뚱한 / 마른

gros / mince

처음으로 / 마지막으로

premier / dernier

친구 / 적

ami / ennemi

꽉 찬 / 텅 빈

plein / vide

딱딱한 / 부드러운

dur / souple

무거운 / 가벼운

lourd / léger

배고픔 / 목마름

faim / soif

병든 / 건강한

malade / sain

불법 / 합법

illégal / légal

영리한 / 어리석은

intelligent / stupide

왼 / 오른

gauche / droite

가까운 / 먼

proche / loin

새 / 헌
nouveau / usé

무 / 유
rien / quelque chose

늙은 / 젊은
vieux / jeune

온 / 오프
marche / arrêt

열린 / 닫힌
ouvert / fermé

조용한 / 시끄러운
faible / fort

부유한 / 가난한
riche / pauvre

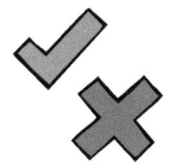

옳은 / 틀린
correct / incorrect

거친 / 매끄러운
rugueux / lisse

슬픈 / 기쁜
triste / heureux

짧은 / 긴
court / long

느린 / 빠른
lent / rapide

젖은 / 마른
mouillé / sec

따뜻한 / 시원한
chaud / froid

전쟁 / 평화
guerre / paix

0

영

zéro

1

하나

un / une

2

둘

deux

3

셋

trois

4

넷

quatre

5

다섯

cinq

6

여섯

six

7

일곱

sept

8

여덟

huit

9

아홉

neuf

10

열

dix

11

열하나

onze

12	**13**	**14**
열둘	열셋	열넷
douze	treize	quatorze
15	**16**	**17**
열다섯	열여섯	열일곱
quinze	seize	dix-sept
18	**19**	**20**
열여덟	열아홉	스물
dix-huit	dix-neuf	vingt
100	**1.000**	**1.000.000**
백	천	백만
cent	mille	million

영어

anglais

미국식 영어

anglais américain

중국어 만다린

chinois mandarin

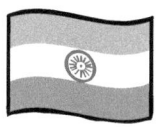

힌두어

hindi

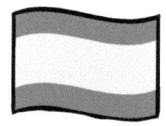

스페인어

espagnol

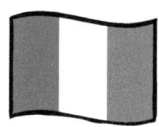

프랑스어

français

아랍어

arabe

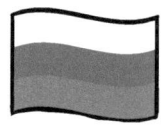

러시아어

russe

포르투갈어

portugais

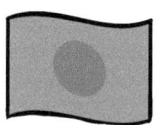

불가리아어

bengali

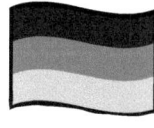

독일어

allemand

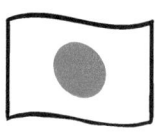

일본어

japonais

나
je

너
tu

그 / 그녀/ 그것
il / elle / ce, c', cela

우리
nous

너희들
vous

그들
ils / elles

누가?
Qui ?

무엇이?
Quoi ?

어떻게?
Comment ?

어디서?
Où ?

언제?
Quand ?

이름
nom

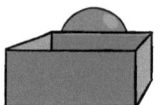

뒤에
....
derrière

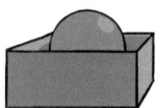

안에
....
dans

앞에
....
devant

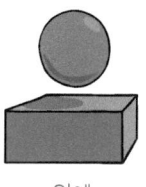

위에
....
au-dessus

위에
....
sur

아래에
....
en-dessous

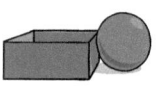

옆에
....
à côté de

사이에
....
entre

장소
....
lieu